CE QUE VEUT

LE PEUPLE

PAR

Le Dr RODRIGUES.

Se vend au profit des Ouvriers.

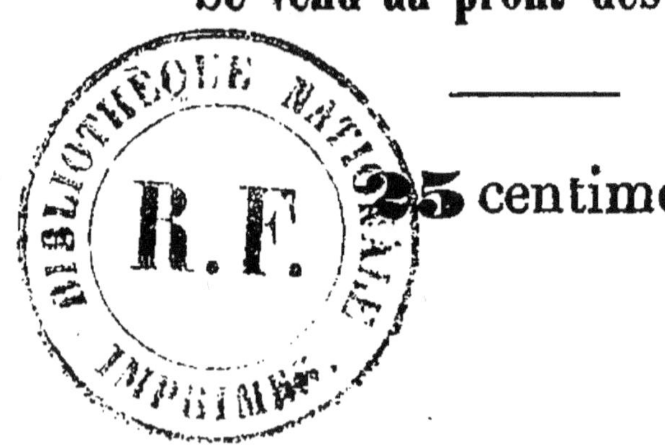

25 centimes.

LODÈVE,

IMPRIMERIE DE GRILLIÈRES, LIBRAIRE.

1848

CE QUE VEUT

LE PEUPLE

———❦———

Une grande révolution vient de s'accomplir dans notre patrie, et l'Europe tout entière a été ébranlée par cet immense coup de tonnerre. Pour la troisième fois, depuis cinquante ans, la terre a manqué sous les pieds de nos oppresseurs, et à chaque fois l'abîme s'est élargi. Et aujourd'hui rois, princes, pairs, députés, tout a disparu sous le souffle populaire. La nation seule est restée debout, avec le sentiment de sa force et décidée à se soutenir quand même. Le peuple ne doit plus compter que sur lui, il doit tirer de son sein les nouveaux éléments d'organisation. La victoire l'a trahi, on a retourné contre lui les traditions antiques, les intérêts matériels l'ont laissé sans secours, la propriété du commerce et de l'industrie a augmenté son mal-être, ses droits ont toujours été méconnus, tous les pouvoirs lui ont menti : qu'il cherche donc en lui un gouvernement sincère, généreux, bien ordonné, qui consacre définitivement les principes de Liberté, d'Égalité et de Fraternité, que le christianisme a mis au monde.

La République a été proclamée par les hommes investis de la confiance et du pouvoir de la France; ces hommes du Gouvernement Provisoire ont convoqué une assemblée nationale constituante. Dans quelques jours, d'un bout de la France à l'autre, vont s'ouvrir les urnes électorales, ces urnes d'espérance d'où doivent sortir les nouvelles destinées du pays. C'est le fait le plus immense qui se soit jamais produit chez aucun peuple du monde ; aussi quelle agitation dans les esprits, quelle émotion dans les cœurs : les uns doutent, les autres maudissent, l'esprit de coterie attend; mais la partie la plus nombreuse et la plus saine de la nation a confiance et est sûre du lendemain, décidée à faire son devoir.

Peuple, conserve dans ton cœur cette conviction profonde, que la République, avec ton concours, ne périra pas, et tu ne refuseras pas ton concours à la République, car, en elle, est l'ancre de salut ; car la République est le gouvernement de Dieu sur la terre.

Quelle doit être l'attitude du peuple aux prochaines élections? Quels seront ses candidats à la représentation nationale ?

Les hommes qui ont passé au pouvoir ont toujours foulé tes droits imprescriptibles et les vérités éternelles. La plupart de ceux qui ont fait de l'opposition ne voulaient de la liberté politique que pour eux, et ne cherchaient qu'à devenir tes tuteurs; tuteurs infidèles, qui auraient prolongé ton enfance à tout jamais. Arrière donc les hommes anciens; ceux qui nous donnèrent des lois en désaccord avec la raison humaine, et qui tendaient toujours à l'inégalité, à l'iniquité, à l'oppression; ceux aussi qui laissaient faire, et qui ne trouvaient pas un cri de réprobation à cette parole impie du président Sauzet : que la Chambre ne donnait pas du travail aux ouvriers. La révolution de février a fait table rase de nos institutions, tout est à fonder; choisis des hommes nouveaux pour fonder de nouvelles institutions; mais choisis des hommes anciennement nouveaux, c'est-à-dire, des républicains de la veille pour assurer l'avenir.

Tout le monde est républicain aujourd'hui, tous les candidats à la députation veulent ou acceptent la république. Ils sont tous indépendants, purs, exempts d'ambition, sincères, dévoués à la chose publique. Ils étalent à nos yeux des phrases plus ou moins pompeuses ; le dévoûment et le patriotisme, voilà leur seul mobile ; l'organisation du travail est leur principale préoccupation. A les en croire, on pourrait prendre parmi eux indistinctement, et s'en rapporter au hasard pour former la liste des dix; chacun des prétendants porte le bonheur et la prospérité de tous. Prenez mon ours et la France est sauvée.

Le temps des belles paroles est passé. Le peuple a besoin de mandataires pour le représenter et non de maîtres ; désormais il sait qu'il est souverain, et que la souveraineté ne réside que dans le peuple entier.

citoyens candidats, le peuple a

été poussé à l'action par le besoin des réformes politiques, et par le besoin, beaucoup plus impérieux, des réformes sociales, et voici ce que veulent vos chers concitoyens.

Le peuple veut la République, une et indivisible.

Le peuple veut une république qui embrasse tous les membres de la nation française dans les mêmes droits et dans les mêmes bienfaits.

Le peuple veut une république, vigoureusement centralisée, sans oppression d'en haut et sans tiraillements des extrémités.

Le peuple veut l'ordre et le calme, et non l'anarchie et le trouble ; l'ordre avec la liberté, le calme avec l'enthousiasme et l'amour.

Le peuple veut un président amovible

comme chef, dont la durée des fonctions n'excède pas deux ou trois ans.

Le peuple veut une seule chambre quinquennale, composée de ses réprésentants directs, avec une communication annuelle entre l'électeur et l'élu.

Le peuple déclare sa souveraineté une Vérité éternelle, contre laquelle tout ce qui pourrait être fait est nul de soi.

Le peuple veut que cette souveraineté s'exerce dans l'état, dans le département et dans la commune, par l'élection et par la sanction.

Le peuple veut que l'élection appartienne à l'individu et non à la propriété, que l'élection soit universelle, sans aucune exclusion, facile, sincère, sans influence du pouvoir, sans intolérance, sans cabale.

Le peuple veut que l'élection soit sérieuse, obligatoire pour tous, afin que l'élu possède tout le poids et toute l'autorité qui répond à son titre.

Le peuple veut que l'élection radicale s'applique au président, aux membres de l'assemblée nationale, aux conseillers départementaux et communaux.

Le peuple veut que les lois constitutives de la nation ne deviennent obligatoires qu'après sa sanction; et pour mettre un terme aux révolutions, aux tentatives coupables, il veut que la constitution fondamentale soit remaniée, tous les cinquante ans, par une assemblée législative spéciale, et mise en harmonie avec le progrès social. Alors tout redressement devient possible et le recours à la violence serait une brutalité contre laquelle protesterait la conscience publique.

Le peuple veut la magistrature amovible.

Le peuple veut la refonte de nos lois au triple point de vue de la liberté, de l'égalité et de la fraternité.

Le peuple veut la liberté pour tous, c'est-à-dire que chaque membre de la société soit libre et maître de son sort, responsable de ses actes, subissant les conséquences de ses vertus et de ses vices; il veut la liberté pure, sans oppression de personne, sans arbitraire, sans distinction de maîtres et d'ouvriers, de banquiers et de commerçants; il veut que la liberté de l'un n'empiète pas sur la liberté de l'autre.

Le peuple veut l'égalité des droits et des charges; il veut l'accession égale pour tous aux bénéfices sociaux; l'égalité se courbant sous la loi morale et naturelle de l'intelligence, de la capacité, du travail, de la force, de la sagesse, du courage, dè la vertu; il veut les charges en proportion de l'avoir de chacun, tant en foncier qu'en mobilier, tant en numéraire portant rente qu'en numéraire industriel et commercial.

Le peuple veut la fraternité dans son acception la plus sublime et la plus élevée, c'est-à-dire, pour tous le devoir de s'entraider.

Le peuple veut que la famille soit respectée.

Le peuple veut que la propriété soit assurée, attendu que la propriété est la représentation du travail et des services.

Le peuple veut que la succession directe soit inviolable.

Le peuple veut que la vie de l'homme soit sacrée.

Le peuple veut le droit au travail et l'affranchissement du travail.

Le peuple n'est pas utopiste, il se préoccupe peu de toutes ces formules d'organisation du travail qui sont journellement proposées ; il ne veut qu'une chose, c'est que l'ouvrier ne soit pas enchaîné au maître, c'est de ne pas détruire la liberté de l'un et de l'autre, c'est de ne pas entraver les opérations du commerce, de l'industrie, de l'agriculture. Il a conquis le principe d'association, la plus puissante, la meilleure garantie de la liberté du travail ; il a conquis la parfaite égalité des intérêts collectifs des ouvriers avec ceux des maîtres ; il ne vous demande plus qu'une nourriture abondante et à bon marché.

Le peuple veut une nourriture abondante et à bon marché, afin qu'une petite somme de travail représente pour lui et ses enfans une quantité suffisante de nourriture pour vivre. La passion de vivre en travaillant n'est-elle pas la plus légitime ?

Le peuple veut la suppression radicale, absolue de l'octroi.

Le peuple veut l'abolition complète des

impôts sur le sel, sur les boissons, l'abolition des prohibitions sur les céréales étrangères, sur les bestiaux étrangers.

Le peuple veut la nourriture de l'esprit et de l'âme comme celle du corps; et, pour cela, il réclame l'éducation gratuite et la liberté de conscience.

Le peuple ne veut plus de priviléges d'aucune sorte; plus de sinécures, plus de cumul.

Le peuple veut l'impôt progressif, et que celui qui n'a rien ne paie rien, ni directement ni indirectement.

Le peuple veut que le service militaire pèse également sur tous.

Le peuple veut la subordination de l'intérêt particulier à l'intérêt général; la possession et l'exploitation par l'état de toutes les entreprises d'intérêt général, telles que les canaux et les chemins de fer, les assurances, les mines, les banques, l'harmonie dans le budget entre les dépenses et les recettes, une large réforme dans toutes les branches de l'administration, etc., etc.

Candidats à la représentation nationale, voilà ce que le peuple veut, et il le veut parce qu'il le croit juste et bon. Il veut de plus une volonté ferme et consciencieuse dans ses représentants, pour établir et défendre la république. Que l'homme qui n'a point d'idées arrêtées sur les grandes questions politiques et sociales que l'ère nouvelle est appelée à résoudre, se retire de la lice, car il ne peut faire le bien ! Rien n'est funeste comme les hommes d'indécision.

VIVE LA RÉPUBLIQUE.

Le docteur RODRIGUES.

Nota. La veille de l'élection, je ferai distribuer une liste de tous les candidats avec une appréciation de chacun, impartiale et sévère, afin que le choix des dix entre tous devienne facile et sûr pour les électeurs vraiment républicains.

Typographie de Grillières.